FORMULE

D'UN

TRAITÉ D'ARBITRAGE

ENTRE NATIONS

MÉMOIRE

*Présenté à la Ligue internationale de la Paix
et de la Liberté*

PAR

Ch. LEMONNIER

PARIS

Rue G. FISCHBACHER, LIBRAIRE-ÉDITEUR

33, rue de Seine, 33.

—

1878

FORMULE

D'UN

TRAITÉ D'ARBITRAGE

ENTRE NATIONS

CLERMONT (OISE). — IMPRIMERIE A. DAIX, RUE DE CONDÉ, 27.

FORMULE

D'UN

TRAITÉ D'ARBITRAGE

ENTRE NATIONS

MÉMOIRE

*Présenté à la Ligue internationale de la Paix
et de la Liberté*

PAR

Ch. LEMONNIER

PARIS

G. FISCHBACHER, LIBRAIRE-ÉDITEUR

33, rue de Seine, 33.

—

1878

AVERTISSEMENT

~~~~~~~~~

Cette brochure n'est guère que la réimpression de deux Mémoires présentés à la Ligue internationale de la paix et de la liberté, l'un en septembre 1873, l'autre en septembre 1874.

Le premier de ces Mémoires répondait à cette question :

Rechercher les moyens pratiques les plus propres à introduire immédiatement entre les peuples l'usage de l'arbitrage; spécialement tracer les règles de la procédure à suivre en cette matière.

Le deuxième Mémoire traitait la question suivante :

Tracer le formulaire général d'un Traité d'arbitrage entre nations comprenant l'énoncé des règles fondamentales à suivre par les arbitres.

Nous avons réuni les deux questions, et fondu ensemble les deux Mémoires.

Le projet de *Traité d'arbitrage entre nations* qu'on lira plus loin a été adopté tel que nous le donnons, dans l'assemblée générale tenue par la Ligue le 8 septembre 1874, il ne diffère du projet qui avait été voté dans l'Assemblée du 8 septembre 1873 que par la rédaction beaucoup plus étendue de l'article 4. Mais la nouvelle rédaction de cet article, longtemps débattue et discutée par l'assemblée de 1874, est d'une extrême importance, elle contient en effet les principes fondamentaux du droit international moderne tels que la Ligue les a successivement posés dans ses divers Congrès.

Nous avons placé à la fin de la brochure une courte notice sur l'origine, la constitution et les travaux de la Ligue.

Nous avons pensé que l'Exposition universelle qui rassemble l'élite des peuples autour des merveilles produites par la science, par l'art, par l'industrie de toutes les nations était une occasion qu'il ne fallait point laisser perdre de soumettre à leurs réflexions un des moyens qui nous paraissent les plus efficaces pour fonder la paix et la liberté.

FORMULE

D'UN TRAITÉ D'ARBITRAGE

ENTRE NATIONS

~~~~~~~~~

MESSIEURS,

La question mise à l'ordre du jour de votre Assemblée est ainsi conçue :

Rechercher les moyens pratiques les plus propres à introduire immédiatement entre les peuples l'usage de l'arbitrage, spécialement tracer les règles de la procédure à suivre en cette matière.

Posée dans ces termes, la question est très nettement circonscrite, et nous ne voulons pas en-élargir le cercle.

1*

En conséquence nous ne discuterons point la valeur politique de l'arbitrage; nous ne ferons valoir ni les raisons données en sa faveur, ni les critiques dont il est l'objet. Ce n'est point notre tâche.

Que l'arbitrage ne puisse fonder la paix définitive ; que sa mise en pratique ne puisse mettre fin à l'état de trêve armée où vivent les peuples ; qu'il ne puisse remplacer ce qu'un écrivain d'un grand mérite a énergiquement qualifié de « loi de Lynch internationale » ; qu'il fût préférable de commencer par codifier ou, pour mieux dire, par créer un Droit des gens positif ; qu'il valût mieux travailler, avec les uns à la constitution d'une Haute Cour internationale, avec les autres à former sous le nom d'*Etats-Unis d'Europe* une Fédération républicaine de peuples, toutes ces belles et grandes questions nous les laisserons à l'écart.

On ne nous demande point de prouver l'utilité politique de l'arbitrage international : on tient cette utilité pour établie.

On ne nous invite point à réfuter ceux qui pensent que s'appliquer à faire prévaloir l'arbitrage c'est s'écarter du but, ou tout au moins s'engager dans les chemins de traverse ; toutes ces questions on les tient pour vidées, toutes ces objections on les estime résolues, tout au moins inopportunes. On nous demande tout simplement de rechercher le moyen le meilleur et le plus pratique d'introduire, immédiatement, — l'adverbe doit être noté — l'usage de l'arbitrage entre les peuples. Soit, nous tâcherons de répondre de notre mieux à l'invitation, et, encore une fois, nous nous appliquerons à ne point sortir du programme tracé.

La guerre a depuis longtemps perdu son procès devant l'opinion, la critiquer est devenu un lieu commun. Ceux mêmes qui en vivent, et qui en tirent le plus d'honneur et de profit ont quelque pudeur à la défendre. Ils se rejettent sur sa nécessité et sur l'impossibilité de la paix. La guerre, disent-ils, a deux raisons d'être : Elle seule maintient la souveraineté, l'indépendance, l'autonomie des peuples. Elle seule peut résoudre les différends qui naissent entre les nations. Ces deux raisons sont bonnes, en ce sens qu'en l'état où sont les nations, sans droit international positif, sans autorité reconnue par les peuples, et en l'absence d'une juridiction acceptée et sanctionnée par eux, la guerre est, en fait, le seul moyen d'ordre et de police internationale. Cela n'est pas douteux, mais la conséquence, c'est que le seul moyen rationnel de supprimer la guerre c'est de la rendre inutile. Inutile au maintien de l'autonomie des peuples, inutile à la solution des difficultés internationales.

Le problème de la paix revient donc à chercher :

1° Une garantie de l'autonomie des peuples qui ne soit pas la guerre ;

2° Un moyen de résoudre les difficultés internationales autre que la voie des armes.

Ramené à ces termes le problème de la paix devient un problème de droit international.

L'arbitrage qui ne fonctionne que d'une façon en quelque sorte intermittente, et chaque fois seulement qu'une difficulté naît entre les nations, l'arbitrage ne se présente point comme un moyen de fonder et de garantir l'autonomie et la souveraineté des peuples ; son utilité, son emploi, sa fonction, se réduisent à fournir, aux peuples qui ont le bon esprit de ne point vouloir guerroyer, un moyen facile, peu coûteux, efficace, moral, honorable par conséquent, de vider sans effusion de sang ni de richesse, les difficultés qu'amène incessamment le jeu des intérêts opposés.

Or c'est précisément parce que l'arbitrage n'effleure même pas la question de la souveraineté qu'il a des chances de s'introduire et de se faire agréer. La moralité internationale n'est point encore assez développée pour que les peuples, à plus forte raison les gouvernements, puissent comprendre l'identité du juste et de

l'utile, et découvrir que le moyen le plus assuré
pour un peuple de préserver son indépendance,
et de bien faire en même temps ses affaires, ce
serait de substituer la justice à l'arbitraire et de
s'incliner devant une loi positive librement
consentie. La méfiance, la résolution arrêtée
de se faire justice à soi-même, c'est-à-dire, en
fin de compte, de chercher toujours et exclusivement son propre intérêt, cette disposition,
générale parmi les peuples se fera jour longtemps encore, à chaque tentative faite pour les
tirer dés vieilles ornières.

Eh bien, l'arbitrage semble fait exprés pour
s'accommoder à cette disposition des esprits et des
sentiments. L'arbitrage laisse entière la souveraineté des peuples, telle qu'on l'entend aujour-
d'hui. Il n'exige aucune abdication, pas même
celle de l'orgueil ; il ne demande aucune réforme, pas même celle des armées permanentes. La
forme même, le principe et la constitution des
Etats lui sont quasiment indifférentes. Comme
de sa nature il n'est point permanent, mais
accidentel et volontaire, comme il ne roule que
sur les points litigieux qui peuvent, à un moment donné, se rencontrer dans les relations
nécessaires que les peuples ont entre eux ;
comme il laisse parfaitement intacts tous les
autres modes de vivre ; comme il ne demande
aucun sacrifice, ni aux coutumes, ni aux lois,

ni même aux préjugés de chaque pays, il est admirablement fait pour introduire, peu à peu, des habitudes, des idées et des pratiques de paix, à la place des habitudes, des idées et des pratiques de guerre au milieu desquelles l'Europe est engagée.

En un mot, c'est tout juste l'imperfection théorique de l'arbitrage qui lui donne, à cette heure, une valeur pratique incontestable.

Assurément, et pour dire toute notre pensée, l'établissement, la reconnaissance, la pratique d'un droit international positif, et la création d'une haute cour chargée d'appliquer cette loi, ce grand progrès ne sera possible qu'après et par l'établissement d'une Fédération de peuples.

Mais une telle fédération n'existe encore nulle part en Europe, sinon entre les vingt-deux petites nations qui forment le peuple suisse. Partout ailleurs, chaque nation demeure cantonnée, retranchée plutôt, dans son indépendance, sans aucun lien de droit avec ses voisines, ne reconnaissant aucune loi positive à laquelle elle doive l'obéissance, appuyée sur son épée, l'œil au guet, toujours en méfiance d'être surprise, si elle n'est pas elle-même en souci de surprendre. Dans une telle situation l'arbitrage ne peut être qu'un heureux accident, et pour que cet accident se réalise, il faut un concours de circonstances favorables, rare ; il faut, à la tête des nations, des gouvernants pacifiques, mettant à plus haut prix la gloire de la paix que la fausse gloire des armes, chez qui la conscience de la justice parle plus fort que l'orgueil, les préjugés et la passion. Il faut de plus que, des deux côtés, l'opinion publique incline vers la paix, que les deux nations, si elles sont égales en force, aient un dégoût pareil des horreurs de la guerre; il faut que la vanité, la colère, la vengeance, la convoitise, les ressentiments, qui agitent les nations aussi violemment que les individus, se taisent pour laisser parler la justice, la fraternité, le bon sens.

Certainement, même au milieu de ces difficultés, on a vu l'arbitrage heureusement appliqué aux questions les plus épineuses et les plus irritantes ; l'exemple donné en 1873 par les Etats-Unis d'Amérique et par l'Angleterre le démontre. Mais ces incidents heureux ne font point, à moins qu'il ne s'agisse de questions de médiocre importance, que l'arbitrage ne demeure d'une application précaire, chanceuse, en sorte, que, si fréquent que l'usage en puisse devenir, on ne pourra guère, avec quelque prudence, fonder sur une base aussi vacillante, le désarmement et par conséquent la paix.

Le seul progrès immédiat qu'on puisse espérer, c'est de voir deux ou trois grands peuples, placés à peu près au même degré de civilisation, assez liés par la communauté des intérêts et par la conformité des mœurs pour avoir une horreur égale de la guerre, conclure entre eux un Traité d'arbitrage, de la même manière, à peu près, qu'ils passent déjà des traités de commerce.

En effet, un Traité d'arbitrage peut intervenir entre deux nations aussi aisément qu'un traité de commerce. Il laisse à chacune son indépendance, son autonomie. Il se concluera d'autant plus facilement qu'au moment où il sera signé il n'existera entre les signataires aucun sujet de litige.

La situation que créerait un tel traité, situation nouvelle en diplomatie (1), car ce traité ne serait pas un traité d'alliance offensive ni même défensive, marquerait un progrès intermédiaire entre un arbitrage ordinaire, portant sur un point litigieux déterminé, consenti pour la solution d'une seule difficulté, et la formation beaucoup plus difficile d'une Fédération. Le Traité d'Arbitrage est donc une transition, un terme de passage du présent à l'avenir, qui nous paraît d'autant plus heureusement proposé qu'il innove peu, qu'il ne change guère à ce qui est.

(1) Situation nouvelle, entre les Etats européens, car nous croyons que les Etats-Unis d'Amérique, ont déjà conclu des traités d'arbitrage avec la Bolivie, le Guatemala, le Pérou, le San-Savaldor, la Nouvelle-Grenade et même avec le Portugal.

Mais c'est ici que se présente une difficulté considérable que les Arbitres de Genève ont eux-mêmes rencontrée. Les tribunaux ordinaires et les Arbitres civils ou commerciaux, quand le compromis qui les institue ne leur donne point la qualité et les droits « d'amiables compositeurs, » jugent selon les règles positives des lois. Ils ont devant eux un texte, des principes, des règles, dont ils ne peuvent se départir, à l'insuffisance desquelles ils ne doivent suppléer que dans les cas de silence ou d'obscurité.

De telles lois n'existant pas entre les nations, le droit des gens n'ayant jamais été discuté, voté, consenti par les peuples, quelles règles suivront les Arbitres? Quelle loi appliqueront-ils? Faudra-t-il qu'à la façon des Amiables compositeurs ils mettent simplement leur conscience, leur raison, à la place des règles positives qui font défaut?

Mais si, même dans les affaires civiles et commerciales, l'Amiable Composition est ténue par beaucoup de jurisconsultes pour une pratique assez dangereuse, que vaudra-t-elle lorsqu'il s'agira de décider des questions où les intérêts les plus délicats de deux nations seront en jeu? Qui osera, en de telles matières, ériger sa conscience propre, sa raison individuelle, en loi souveraine? D'autre part, combien ne se trouvera pas affaiblie l'autorité de la Sentence lorsque, au lieu

d'être l'application exacte d'un texte imperson-
nel, rédigé à l'avance, et par des tiers, elle sera
la simple expression d'une opinion individuelle?
Ajoutez que dans les affaires privées une force
publique assez puissante pour rendre inutile
toute résistance garantit l'exécution contre le
mécontentement, la colère même de la partie
condamnée, tandis qu'en matière d'arbitrage international, le recours à la guerre est toujours
ouvert à la passion.

Il est donc tout à fait désirable, nous ajoute-
rons tout à fait nécessaire, que le compromis
qui institue un arbitrage entre nations porte avec
lui un énoncé de principes et de règles obliga-
toires pour les arbitres. De cette façon les parties
feront leur loi elles-mêmes, et cette loi, en même
temps qu'elle affermira et rassurera la conscience
des arbitres, prêtera à leur décision une force et
une autorité indéniables.

Les esprits éminents qui composaient le tribunal de Genève avaient si bien compris cette nécessité qu'ils n'ont voulu accepter le mandat qu'à
la condition que le compromis consacrerait cer-
tains principes régulateurs, et la formule de ces
principes constitue ce que l'on appelle « les trois
règles » du traité de Washington.

Telles sont les considérations qui nous ont
conduit à rédiger, sous la forme la plus concise

qui nous a été possible, l'article quatre du projet dont nous allons vous soumettre le texte.

Le principe le plus général qui nous ait guidé est celui-là même sur lequel vous avez dès l'origine appuyé l'œuvre de la Ligue: à savoir que la politique ne doit être qu'une application de la morale, que les règles du juste et de l'injuste sont les mêmes entre les nations qu'entre les individus, et que le fondement commun de ces règles est l'autonomie de la conscience individuelle.

Le Droit public moderne tend à se reposer sur des principes tout à fait différents de ceux d'où le faisait dériver le moyen-âge. La Révolution n'est pas autre chose que l'introduction de ces principes nouveaux, soit dans les relations des citoyens entre eux, soit dans la constitution des gouvernements, soit dans les relations des citoyens avec ces gouvernements, et le seul moyen de fonder la paix internationale est de faire pénétrer ces mêmes principes dans les relations que les nations ont entre elles. Pour accomplir cette œuvre, il ne suffit donc point de codifier le Droit des gens, tel qu'il existe, c'est-à-dire de réduire et d'ajuster, tant bien que mal, les dispositions éparses dans les traités innombrables qui encombrent les archives de la diplomatie, afin d'en faire un tout où l'on introduirait, en même temps, les opinions si souvent

contradictoires des jurisconsultes, il faut, pour
fonder la paix, jeter hardiment les assises d'un
droit nouveau, conforme aux règles de la morale
et de la justice, telles que les voient, les com-
prennent et les veulent les nations modernes.
C'est animé de cet esprit, guidé par cette pensée, que nous avons préparé la rédaction que
nous allons soumettre à votre jugement.

Nous terminerons par une simple remarque
mais de quelque importance ; les traités d'arbitrage, tels que nous les concevons, pourraient
sans aucune difficulté intervenir entre des nations
soumises à des régimes politiques très différents,
non-seulement entre une république telle que
les Etats-Unis d'Amérique, par exemple, et
une monarchie parlementaire telle que l'Angleterre, mais entre deux pays de constitu-
tions diverses: entre l'empire d'Allemagne et la
Suède, entre la Russie, et la République Fran-
çaise. Il pourrait se faire cependant que plusieurs des principes que notre projet érige en
loi conventionnelle, la disposition par exemple,
qui porte que les peuples ont le droit inaliénable et imprescriptible de se gouverner eux-mêmes, vinssent contrecarrer les principes politiques de l'une des parties contractantes. Si ce cas
se présentait, il serait aisé de lever l'obstacle en
effaçant simplement la clause qui ferait difficulté. Que si l'on nous demande pourquoi, pré-

voyant la possibilité d'une telle difficulté, nous avons laissé dans la Formule que nous présentons quelques dispositions qui peuvent la faire naître, notre réponse sera très simple. Ayant à rédiger une Formule générale, nous avons voulu qu'elle fût complète et qu'elle embrassât les principes fondamentaux du Droit des gens. Elle n'eût point satisfait à cette condition si elle eût omis quelqu'un des principes auxquels nous faisons allusion, notamment celui que nous avons pris pour exemple, et, en dehors duquel, pour dire toute notre pensée, nous ne croyons point que la paix puisse s'établir d'une façon solide.

PROJET D'UN TRAITÉ D'ARBITRAGE

ENTRE NATIONS

ARTICLE 1er.

Les deux parties contractantes s'engagent à soumettre au tribunal arbitral, dont la constitution, la juridiction et la compétence seront fixées plus bas, tous les différends et toutes les difficultés qui pourront naître entre les deux peuples pendant la durée du présent traité, quels que puissent être la cause, la nature et l'objet de ces difficultés. Les deux nations renonçant, de la façon la plus absolue, sans aucune exception, restriction ni réserve, à user, l'une vis-à-vis de l'autre, directement ni indirectement, d'aucun moyen ni procédé de guerre.

ART. 2.

Tout différend né ou à naître entre les deux peuples sera soumis à un tribunal composé de trois personnes, lequel jugera sans appel et en dernier ressort.

La partie la plus diligente, en requérant de l'autre la constitution du tribunal arbitral, lui fera connaître l'arbitre choisi par elle, et celle-ci devra répondre, dans la quinzaine de la notification à elle faite, par la désignation d'un autre arbitre. Dans le mois qui suivra cette désignation, les deux arbitres en nommeront un troisième.

Art. 3.

Le compromis qui, dans le mois de l'acceptation du troisième arbitre, constatera par écrit la constitution du tribunal, déterminera la mission des arbitres, en fixant l'objet du litige, les prétentions respectives des parties, et le lieu de la réunion du tribunal. Ce compromis sera signé par les représentants des parties et par les arbitres.

Art. 4.

En l'absence d'une loi internationale positive qui les régisse, les parties contractantes conviennent expressément que dans tous les cas qui pourront leur être déférés par elles, les arbitres con-

sulteront et appliqueront les règles et les principes qui suivent, auxquels les parties entendent
donner entre elles force de loi :

I. Les peuples sont égaux entre eux, sans égard
à la superficie des territoires, non plus qu'à la
densité des populations.

II. Les peuples s'appartiennent à eux-mêmes ;
ils sont responsables les uns envers les autres,
tant de leurs propres actes que des actes des su-
jets ou citoyens qui les composent ainsi que des
actes de leurs gouvernements.

III. Le droit des peuples à s'appartenir et à se
gouverner eux-mêmes est inaliénable et imprescriptible.

IV. Nul individu, nul gouvernement, nul
peuple ne peut légitimement ni sous aucun pré-
texte disposer d'un autre peuple par annexion,
par conquête, ni de quelque autre façon que ce
soit.

V. Quatre conditions sont requises pour la validité de toute convention et de tout traité entre
peuples :

La capacité de contracter chez l'une et l'autre
partie ;

Le libre consentement de l'une et de l'autre ;

Un objet certain qui forme la matière de l'en-
gagement ;

Une cause licite, c'est-à-dire qui ne blesse ni l'ordre public ni les bonnes mœurs.

VI. Est nul comme contraire à l'ordre public et aux bonnes mœurs toute clause, convention ou traité ayant pour objet :

Toute atteinte à l'autonomie d'un ou de plusieurs peuples, ou individus ;

Toute guerre autre qu'une guerre défensive ;

La conquête de tout ou partie d'un territoire occupé ;

Toute invasion, occupation, annexion, démembrement, cession ou acquisition, à quelque titre et de quelque façon que ce soit, de tout ou partie d'un territoire occupé par un peuple, ou par une population quelconque, qui n'a pas été au préalable consentie par les habitants.

VII. Tout peuple envahi a le droit, pour repousser l'invasion, d'user de toutes les ressources de son territoire et de toutes les forces collectives et individuelles de ses habitants ; ce droit n'est subordonné dans son exercice à aucune condition, soit de signe extérieur, soit d'organisation militaire.

VIII. La guerre devient coupable du moment qu'elle passe de la défensive à l'offensive pour entrer dans la voie illicite de l'invasion et de la conquête.

En outre, et selon la spécialité des cas litigieux

soumis aux arbitres, le compromis qui devra, aux termes de l'article 3, constater la constitu. tion du tribunal et fixer l'objet du litige, devra, s'il y échet, déterminer les règles particulières qui devront, comme les règles générales énon- cées . -dessus, servir de loi aux arbitres.

S'il arrive que, dans l'application, les disposi- tions du présent article offrent quelque obscu- rité, quelque omission, quelque lacune, les ar- bitres devront y suppléer par les lumières de leur conscience et de leur raison, sans pouvoir en aucun cas s'abstenir de juger, ni déroger aux principes édictés par le dit article.

ART. 5.

Le compromis fixera la durée des pouvoirs des arbitres. Ces pouvoirs pourront toujours être prorogés du consentement des parties. S'il arri- vait que le traité prît fin avant l'expiration des pouvoirs conférés aux arbitres, ces pouvoirs n'en seraient ni détruits, ni affaiblis, ni diminués en quoi que ce soit.

ART. 6.

Les arbitres régleront eux-mêmes leur procé- dure, fixeront les délais et régleront la forme en laquelle les parties devront produire devant eux leurs demandes, requêtes, conclusions et défenses.

ART. 7.

Les arbitres useront, pour éclairer leur justice, de tous les moyens d'information qu'ils jugeront nécessaires: enquêtes, expertises, production de pièces, avec ou sans déplacement, compulsoires, transports de juges, commissions rogatoires, etc., chaque partie s'obligeant à mettre à leur disposition tous les moyens et ressources en son pouvoir.

ART. 8.

Les arbitres jugeront sans appel et en dernier ressort. Leur sentence sera exécutoire, de plein droit, un mois après la notification qui en sera faite par leurs soins aux deux parties. Ils seront tenus de rendre cette sentence publique par la voie des journaux dans la huitaine de la dite notification.

Les arbitres fixeront eux-mêmes les salaires et émoluments des personnes qu'ils auront employées; ils règleront les frais faits par eux, en y

comprenant leurs propres honoraires, et déter-
mineront par la sentence la proportion dans laquelle ces frais et honoraires devront être sup-
portés par les parties.

ART. 9.

La sentence arbitrale ne pourra être annulée
que dans les cas et pour les causes suivantes :

Si les arbitres ont prononcé sur choses non de-
mandées ;

Si la sentence a été rendue sur compromis nul
ou expiré ;

Si les formes et délais prescrits par le présent
traité n'ont pas été observés.

L'un de ces cas échéant, celle des parties qui
voudra se pourvoir en nullité de la sentence, devra le faire, à peine de forclusion, dans le mois
de la notification de la sentence. Elle devra, par
le même acte, désigner un arbitre, et la procédure de la demande en nullité devra être pour-
suivie par voie d'arbitrage, et conformément aux
règles établies ci-dessus,

ART. 10.

Les arbitres saisis d'une demande en nullité
d'une sentence rendue ne devront statuer que sur

la question de nullité ; leur sentence ne pourra être attaquée ni par voie d'appel, ni par aucune autre voie, elle sera souveraine et définitive. S'ils annulent la sentence à eux déférée, un nouveau tribunal arbitral sera formé pour instruire et statuer selon les règles tracées par les articles 2, 3, 4, 5, 6, 7 et 8 qui précèdent.

Si la sentence arguée de nullité est déclarée valable, elle sortira son plein et entier effet dans la quinzaine de la notification faite aux parties de la sentence qui en aura déclaré la validité.

ART. 11.

Le présent traité aura son plein et entier effet pendant trente années consécutives, à partir de la signature. A moins que l'une des parties n'ait, six mois au moins avant son expiration, notifié par écrit son intention contraire, le dit traité continuera d'avoir effet entre les parties par voie de tacite reconduction. Chaque partie gardant d'ailleurs la faculté d'y mettre fin après l'expiration des trente années ci-dessus indiquées, par une simple déclaration qui n'aura d'effet que six mois après sa notification, et ce, sans dérogation aux dispositions portées en l'article 5.

ART. 12.

Les deux parties engagent leur honneur à exécuter fidèlement et en toutes ses dispositions le traité qui précède.

〜〜〜〜〜〜〜〜

NOTICE

La Ligue internationale de la paix et de la liberté a été fondée à Genève le 9 septembre 1867.

Elle poursuit :

1° La réforme ou plutôt la formation d'un droit public international ;

2° L'introduction dans la pratique internationale de *Traités d'arbitrage* entre peuples, dont elle a publié la formule ;

3° L'abolition de la guerre sous toutes ses formes politiques et sociales ;

4° Finalement l'établissement progressif des Etats-Unis d'Europe, par la formation d'une Fédération de peuples.

ORGANISATION

La Ligue est administrée par un Comité central siégeant à Genève, élu annuellement par l'Assemblée générale des membres de la Ligue, composé de vingt-cinq membres, dont sept au moins doivent résider en Suisse.

Ce Comité exécute les résolutions de l'Assemblée, il correspond avec les Comités, il nomme lui-même son bureau.

MOYENS D'ACTION

Les moyens d'action de la Ligue sont exclusivement pacifiques ; elle publie des *Bulletins officiels* de ses Assemblées ou Congrès, des circulaires, des brochures.

Elle fait paraître tous les jeudis, à Genève, un journal : les ETATS-UNIS D'EUROPE.

Ce journal est le seul qui traite, apprécie, juge tous les faits politiques et sociaux au point de vue européen ; il applique impartialement aux hommes et aux choses de tous les pays les principes de la Ligue résumés dans ces deux maximes :

Faire passer le juste avant l'utile ;
Subordonner la politique à la morale.

PRIX DE L'ABONNEMENT D'UN AN : 8 fr. pour la Suisse ; 10 fr. 60 pour tous les pays compris dans L'UNION POSTALE. Pour tout autre pays le prix de la Suisse augmenté des frais de poste.

SONT MEMBRES DE LA LIGUE :

1° Tous ceux qui, à titre de COTISANTS sont admis à verser annuellement une somme dont le minimum n'est pas fixé. (Toute cotisation de 1 fr. au moins donne droit au Compte-rendu sommaire des assemblées);

2° Tous ceux qui, à titre de SOUSCRIPTEURS, sont admis à souscrire une ou plusieurs actions de 25 fr. chacune, dans la Société anonyme à capital variable constituée à Genève, le 15 mai 1871, pour assurer la publication des *États-Unis d'Europe.*

La souscription d'une action donne droit à un abonnement de six mois; toute souscription de deux actions ou d'un plus grand nombre, donne droit à un abonnement d'un an.

Pour renseignements, cotisations, dons, souscriptions d'actions, abonnements,

S'adresser :

A Genève : chez Mme Marie Gœgg, 3o, rue de Coutance.

A Paris : chez MM. Ch. Lemonnier, 2, rue Tronchet,

Ch. Silvain, comptable, rue de Rome, 45,

G. Fischbacher, libraire, 33, rue de Seine.

A Londres : chez M. Hodgson-Pratt, 8, Lancaster-Terrace.

A Lausanne : chez M. E. Raoux, 2, place Montbenon.

A Milan : chez M. Hœpli, libraire.

CLERMONT (OISE). — IMPRIMERIE A. DAIX, RUE DE CONDÉ, 27.